생명을 살리는 성경공부 6

개혁주의생명신학 7대 실천운동

나눔운동

지은이 **장 종 현**

장종현 박사는 충남 아산시 영인면 성내리 안골에서 농부의 아들로 태어났습니다. 중학교 3학년 때 예수님을 영접한 이후 무릎 꿇고 받은 사명을 감당하기 위해 1976년 11월 1일 "진리가 너희를 자유케 하리라"(요 8:32)는 말씀을 붙잡고 백석학원(백석대학교, 백석문화대학교, 백석예술대학교, 백석대학교평생교육신학원)과 기독교연합신문사를 설립했습니다.

그는 백석학원이 세상에 존재하는 또 하나의 대학이 아니라 오직 하나님의 말씀에 의해서 사람을 변화시키고 영적 생명을 살리는 기독교 대학을 세우기 위해 일평생 헌신하고 있습니다.

그는 개혁주의 5대 표어를 생명처럼 여기면서 신학이 학문으로 전락해서는 안 되고 그리스도의 생명이어야 한다는 것을 깊이 깨닫고 개혁주의생명신학을 주창했습니다. 개혁주의생명신학은 개혁주의신학을 실천하는 운동입니다.

본서는 개혁주의생명신학 7대 실천운동이 삶 속에서 생명을 살리는 신학으로 자리매김을 하도록 안내하는 성경공부 교재입니다.

오직 하나님께 영광!

백석연구소 총서 5-6

생명을 살리는 성경공부 6

개혁주의생명신학 7대 실천운동 : 나눔운동

발행일 2019년 10월 25일 초판 1쇄
지은이 장종현
발행처 백석정신아카데미
충청남도 천안시 동남구 문암로 76
전화: 041)550-2090 팩스: 041)550-0450
문제출제 최윤영(백석대학교 사회복지학부)
펴낸곳 기독교연합신문사(도서출판 UCN)
등록번호: 제21-347호 등록일자: 1992년 6월 28일
주소: 서울특별시 서초구 남부순환로 2221 5층
전화: 02)585-0812 팩스: 02)585-6683
전자우편: ucndesign@naver.com
디자인·인쇄 기독교연합신문사 디자인실
ISBN 978-89-6006-913-8 93230

생명을 살리는 성경공부 6

개혁주의생명신학 7대 실천운동

나눔운동

장종현 지음

도서출판 UCN

6. 나눔운동

교회와 세상을 변화시키는 개혁주의생명신학 7대 실천운동 되어야

제가 2010년 5월 21일에 총회의 목회자와 신학자, 성도들이 함께한 자리에서 '개혁주의생명신학 선언'을 하게 된 것은 성경의 권위를 회복한 신학, 교회에 생명을 불어넣는 목회, 예수 그리스도의 인격을 닮은 성도들만이 한국교회를 회복할 수 있다는 확신 때문입니다. 한국교회는 평양 대부흥 운동으로 성령의 역사를 뜨겁게 체험하였지만, 선교 130여 년이 지난 지금 거룩한 신앙의 열정을 잃어버렸습니다. 교회가 하나님을 물질과 명예로 가두어 놓았고, 신학교가 하나님을 학문으로 가두어 놓았습니다. 오늘날 한국교회는 복음의 본질을 상실하였습니다.

그 결과 한국교회는 예수 그리스도의 생명이 나를 지배하는 믿음의 실상을 잃어버렸습니다. 개혁주의생명신학은 그리스도께서 내 안에 사시고 내가 그리스도 안에 사는 영적 삶을 통해 개혁주의 신학을 실천하는 운동입니다. 이는 새로운 신학을 만들려는 것이 아니요, 개혁주의신학에 생명을 불어넣음으로써 개혁주의신학을 활성화하려는 것입니다.

저는 개혁주의생명신학을 실천하기 위해 7대 실천운동을 제시했습니다. 이는 신앙운동과 신학회복운동, 회개용서운동, 영적생명운동, 하나님나라운동, 나눔운동, 기도성령운동입니다. 이번에 발간되는 『생명을 살리는 성경공부』는 개혁주의생명신학 7대 실천운동을 쉽게 이해하고 그것을 삶에 적용할 수 있도록 작성된 성경공부 교재입니다. 금번 이 책을 발간한 목적은 개혁주의생명신학 7대 실천운동이 단지 구호로만 그치지 않고, 성도들의 생활 속에서 실천되도록 안내하는 데 있습니다. 실천이 왜 그토록 중요합니까? 한국교회가 예수님을 머리로만 알려고 하고 순종하지 못하기 때문입니다.

우리가 예수님의 생애에 대해서 안다고 해서 믿음이 있는 것은 절대로 아닙니다. 성경 66권을 다 외우고, 신학을 논리적으로, 체계적으로 가르친다고 해서 믿음이 있는 것도 아닙니다. 서기관과 바리새인들도 성경을 많이 알고 있었지만 예수님을 믿지 않았습니다. 믿음은 마음으로 믿고 순종하는 것입니다. 로마서 10장 10

절에 "사람이 마음으로 믿어 의에 이르고 입으로 시인하여 구원에 이르느니라"고 말씀합니다. 참된 믿음은 행함 즉 실천을 요구합니다. 야고보서 2장 17절은 "이와 같이 행함이 없는 믿음은 그 자체가 죽은 것이라"고 말씀합니다. 영적 생명이 회복된 사람만이 순종할 수 있고, 순종하는 사람만이 참된 믿음을 가진 사람입니다.

이미 출판된 『백석학원의 설립정신』(2014년)과 『개혁주의생명신학 선언문』(2017년), 『개혁주의생명신학 7대 실천운동』(2018년)과 함께 오늘 발간되는 『생명을 살리는 성경공부』(2019)는 신학은 학문이 아니라 영적 생명을 살리는 복음이며, 나아가 교회와 세상을 변화시키는 마중물이 되어야 한다는 개혁주의생명신학의 근본 취지를 드러내고 있습니다. 아무쪼록 우리 총회와 백석학원이 한국교회와 세계교회를 새롭게 변화시키는 데 중심 역할을 감당하며, 나아가 제2의 종교개혁의 거룩한 불씨를 던져 생명을 살리는 진원지 역할을 감당하는 일에 조금이나마 도움이 되기를 바라는 마음을 담아 본 교재를 세상에 내놓습니다.

2019년 11월 1일
(백석학원 설립 43주년에 즈음하여)

백석대학교 · 백석문화대학교 · 백석예술대학교
백석대학교평생교육신학원 · 기독교연합신문사

설립자 장종현 박사

1 왜 나눔운동이 필요한가?

핵심 성경구절

"새 계명을 너희에게 주노니 서로 사랑하라 내가 너희를 사랑한 것같이 너희도 서로 사랑하라"(요 13:34).

오늘날 이 시대는 한국교회에 나눔운동을 기대하고 있습니다. 예수님께서 관심을 가지시고 돌보셨던 사회적 약자인 어린이와 노약자, 장애인, 극빈자와 소외계층을 교회가 앞장서서 품어야 합니다. 예수님의 몸인 교회는 서로 사랑함으로 하나 될 때 세상을 이길 수 있습니다. "하나님을 사랑하는 것은 이것이니 우리가 그의 계명들을 지키는 것이라 그의 계명들은 무거운 것이 아니로다. 무릇 하나님께로부터 난 자마다 세상을 이기느니라. 세상을 이기는 승리는 이것이니 우리의 믿음이니라." 나눔운동은 우리가 받은 하나님의 은혜와 축복을 이웃과 함께 나누는 운동입니다.

- 『개혁주의생명신학 7대 실천운동』, 124.

week

01 왜 나눔운동이 필요한가?

1. 나눔이란 무엇이라고 생각하십니까?

행 2:44-45 --

나눔이란 하나님의 사랑이 우리의 삶을 통해서 다른 사람에게 흘러가도록 하는 것입니다. 우리는 초대교회의 자발적인 나눔의 좋은 예를 본받아서 이웃의 필요한 부분을 자유롭게 나눌 수 있어야 합니다.

레 19:9-10 --

구약에서는 추수할 때에 가난한 사람과 거류민을 위하여 먹을 양식을 다 거두지 말고 그들이 먹을 양식을 남겨두라고 합니다. 이처럼 남겨진 보리 이삭을 통해 다른 사람의 생명을 살리는 것입니다.

나눔이 필요한 이웃

2. 나눔이 필요한 이웃의 상황은 어떠합니까?

신 15:11 ______________________________

____

____

막 10:46-47 ______________________________

____

____

오늘날 이 시대는 한국교회와 그리스도인에게 나눔과 돌봄을 기대하고 있습니다. 지구촌 곳곳에서 그리고 가까운 이웃 주변에서 우리의 나눔이 필요한 곳이 너무도 많습니다.

3. 우리는 어려운 이웃의 필요를 채워 주고 있습니까?

약 2:15-16 ______________________________

마 25:35-36

하나님께서는 우리가 받은 물질적 복을 이웃과 함께 나누기를 원하십니다. 그래서 어려운 이웃을 위해 나누는 것이 예수님을 섬기는 것이라고 말씀하십니다.

신앙생활과 나눔

4. 우리의 신앙생활과 행위는 어떠하다고 생각하십니까?

계 2:4

'처음 사랑'은 예수 그리스도의 십자가를 통해 알게 된 하나님 사랑과 이웃 사랑을 의미합니다. 우리의 신앙생활과 믿음의 행위에서 처음 사랑을 회복해야 합니다.

마 23:3 ______________________________

____

우리는 세상 사람들로 하여금 우리의 신앙과 믿음의 행위를 본받을 수 있도록 해야 합니다. 즉, 말로만의 사랑이 아닌 마음과 행동으로 사랑을 보여 주어야 합니다.

5. 우리는 그리스도인으로서 세상에서 어떠한 역할을 해야 합니까?

마 5:13 ______________________________

____

____

우리는 그리스도인으로서 썩어져 가는 세상이 부패되지 않도록 소금의 역할을 해야 합니다. 세상에서 하나님이 살아계심과 그분의 사랑을 전해야 할 것입니다.

히 12:14 ______________________________

____

우리가 모든 사람과 더불어 화평함은 교회뿐만 아니라 세상에서도 화목함을 의미합니다. 이러한 화목은 하나님이 주신 은혜와 사랑을 이웃과 함께 나누는 것입니다.

나눔운동을 실천해야 하는 이유

6. 우리가 나눔운동을 실천해야 하는 이유는 무엇입니까?

요 13:34-35 ______________________________

____

____

우리가 나눔운동을 실천해야 하는 이유는 주님께서 서로 사랑하라고 주신 계명 때문입니다. 예수님은 "우리가 서로 사랑하면 주님의 제자인 줄 알라"고 말씀하고 계십니다.

롬 12:2 ....

....

....

하나님의 선하시고 기뻐하시고 온전하신 뜻은 바로 하나님 사랑 이웃 사랑의 실천입니다. 그런즉 내 이웃을 내 몸같이 사랑하기 위한 나눔의 실천이 필요합니다.

7. 우리가 나눠야 할 대상은 누구라고 생각하십니까?

눅 10:28-29 ....

....

....

....

week

01 왜 나눔운동이 필요한가?

우리 주변을 살펴보면, 사회에서 소외된 다양한 계층들이 존재합니다. 외국인 근로자, 다문화가족, 장애인, 독거노인 등 우리의 손길이 필요한 이웃들이 너무나 많습니다.

갈 6:10 ________________

____

____

교회 내 믿음의 가정들이 당하는 어려움을 외면해서는 안 됩니다. 특별히 이들을 위해 기도하고 돕고 짐을 함께 나눔으로 그들이 인내하며 하나님의 뜻을 기다릴 수 있도록 섬기며 나눔을 실천해야 할 것입니다.

핵심 포인트

나눔은 하나님의 일이며 사역의 형태입니다. 나눔운동은 예수 그리스도의 제자로서 마땅히 해야 하는 일입니다. 이를 통해 하나님께 감사하며 영광을 돌리게 됩니다. 나눔의 기쁨은 하나님이 주신 숨은 선물입니다. 그러므로 나눔을 실천하지 않는 것은 곧 하나님의 사랑을 거부하는 것입니다. 나눔운동은 우리가 받은 하나님의 은혜와 축복을 이웃과 함께 나누는 실천운동입니다.

한 주간 기도

하나님 아버지, 주님의 희생과 섬김을 본받아 모든 것을 교회와 이웃을 위하여 나누고 섬기는 바른 신앙인이 되게 하여 주시옵소서. 날마다 주님을 본받고, 나누는 삶을 살게 하옵소서.

week
01 왜 나눔운동이 필요한가?

한 주간의 실천

말씀의 거울로 본 나의 삶	월	화	수	목	금	토	주일
1. 가정에서 작은 나눔과 봉사를 실천하고 있는가?							
2. 직장과 일터에서 나눔을 실천하고 있는가?							
3. 이웃을 위해 나눔을 실천하고 있는가? 외국인 근로자, 다문화 가족, 장애인, 독거노인 등 우리의 손길이 필요한 이웃들이 주변에 많이 있다. 소외된 사람들을 위해 할 수 있는 일을 찾아보고 실천한 일을 기록해 보자.							

나눔운동 | 둘째주

2 성경에 나타난 나눔운동

핵심 성경구절

"각각 자기 일을 돌볼뿐더러 또한 각각 다른 사람들의 일을 돌보아 나의 기쁨을 충만하게 하라"(빌 2:4).

개혁주의생명신학은 예수 그리스도의 복음과 사랑으로 세상을 변화시키고자 합니다. 교회 공동체 안에서 실천되는 사랑은 반드시 교회 밖으로 흘러나가 세상을 변화시켜야 합니다. "우리는 기회 있는 대로 모든 이에게 착한 일을 하되 더욱 믿음의 가정들에게 할지니라"(갈 6:10). 나눔운동은 교회 공동체 안에서 활발히 일어나는 동시에 교회 밖의 모든 사람들을 향해서도 이루어져야 합니다. 나눔운동은 교회를 교회답게 하고 교회 밖의 세상 사람들을 향해 예수님의 사랑을 전할 수 있는 통로입니다.

-『개혁주의생명신학 7대 실천운동』, 125.

섬김의 본을 보이신 예수님

1. 예수 그리스도의 섬김에 대해 살펴봅시다.

요 13:4-5 ____________________

____

____

마 11:29 ____________________

____

____

예수님은 사도들에게 "너희는 내가 명하는 대로 행하면 곧 나의 친구라"(요 15:14)고 말씀하셨습니다. 예수님은 몸소 제자들의 발을 씻기시는 섬김의 본이 되셨습니다. 우리 역시도 예수님의 겸손한 마음과 섬김의 자세를 배워야 합니다.

성경에 나타난 나눔 정신

2. 구약에 나타난 나눔의 정신을 살펴봅시다.

출 23:10-11 ______________________________

____

____

레 25:11 ______________________________

____

나눔은 하나님께서 명하신 명령 가운데 중요한 부분입니다. 우리의 나눔을 하나님께서 원하고 계시며, 하나님의 자녀로서 마땅히 해야 하는 것입니다.

3. 신약에 나타난 나눔의 정신을 살펴봅시다.

마 19:21-22 ______________________________

____

행 4:32, 35

나눔은 예수님께서 명하신 이웃 사랑의 정신을 실천하는 것이다. 예수님을 따르는 삶은 우리의 소유를 팔아 이웃과 함께 나누는 영적인 삶을 포함하고 있습니다.

예수님의 나눔운동

4. 예수님께서 우리에게 나눔운동을 명하신 사례에 대해 알아봅시다.

마 25:40 ______________________________

____

____

우리는 지극히 작은 것은 하찮게 생각하고 큰 관심을 갖지 않는 경우가 많습니다. 하지만 주님은 지극히 작은 자에게 관심이 있었고, 작은 자에게 한 것이 곧 내게 한 것이라 말씀하십니다.

마 20:28 ______________________________

____

우리는 예수님의 제자들입니다. 제자는 그 스승의 삶을 본받아야 합니다. 예수님은 섬기는 삶을 사셨습니다. 우리도 섬기는 삶을 살아가야 합니다.

◦ 나눔운동과 그리스도인

5. 나눔운동을 실천하는 그리스도인의 참모습은 어떠해야 합니까?

벧전 4:8-10 ______

______

______

______

하나님께서 나누어 주신 능력은 하나님께로부터 오는 것입니다. 우리가 각기 받은 은사대로 하나님을 찬양하고 교회와 이웃을 위해 섬기는 삶을 살아가야 합니다.

딤전 4:12-13 ______

______

______

______

그리스도인은 말과 행실과 믿음이 행함의 형태로 나타나야 합니다. 이는 그리스도를 본받은 교회와 성도의 참된 모습이며, 신앙인으로서 본이 되는 것입니다.

6. 우리가 나눔을 실천할 때 그 기반이 되는 것은 무엇이겠습니까?

골 2:6-7 ______________________________

____

____

이 세상에서 살아가는 동안 우리에게 필요한 모든 것들은 하나님께서 채워 주십니다. 그리고 우리의 나눔이 주 예수 그리스도 안에서 행해질 때 감사가 더욱 넘치게 됩니다,

갈 5:16 ______________________________

____

우리는 먼저 성령의 능력을 간구해야 합니다. 그러면 예수님 안

에서, 예수님과 함께, 예수님을 통해서 진정한 나눔이 실천되며, 진정한 예수님의 제자가 될 수 있습니다.

진정한 나눔운동

7. 결과적으로 성경에서 의미하는 진정한 나눔운동은 무엇입니까?

요일 3:17-18 ______________________________

____

____

말과 혀로만 사랑함은 공허한 사랑이며 참된 사랑이 될 수 없습니다. 참된 사랑은 이웃의 어려움을 헤아리며 함께 재물과 마음을 나누는 것입니다.

벧전 4:9-10 ______________________________

____

하나님의 자녀들은 무엇이든지 이웃에게 나눌 때 후하고 기쁘게 주어야 합니다. 우리가 받은 은혜들을 기쁜 마음으로 이웃과 나누며 섬기는 삶을 살아야 합니다.

NOTE

핵심 포인트

한 주일 동안 나에게 일어난 중요한 사건들, 즉 만남, 식사, 일 등을 돌아봅니다. 나의 마음에 어떤 일이 일어났으며 또 무엇을 느끼셨습니까? 지난 한 주일 동안 나는 가족과 이웃과 교회에서 무엇을 나누었는지 생각해 봅시다.

한 주간 기도

하나님 아버지, 우리를 향한 하나님의 부르심을 날마다 생각하게 하옵소서. 어려운 사람들과 소외받고 있는 이웃을 향해 손을 내밀고 함께 주님의 말씀을 나눌 수 있게 하여 주옵소서. 무엇보다도 이들의 어려움을 채울 수 있는 주님의 넉넉함을 허락하여 주옵소서.

week

02 성경에 나타난 나눔운동

한 주간의 실천

말씀의 거울로 본 나의 삶	월	화	수	목	금	토	주일
1. 교회와 이웃을 위해 나의 시간을 나누고 있는가? '늘 바쁘다, 시간이 없다'고 불평하지 말고, 시간 관리를 지혜롭게 한다면 나눌 수 있는 시간을 가질 수 있을 것이다.							
2. 교회와 이웃을 위해 구제헌금을 하고 있는가? 가난한 이웃을 물질로 도운 경험이 있는가? 받는 사람 입장을 배려하여 겸손한 자세로 나누었는가?							
3. 교회와 이웃을 위해 나의 재능을 나누고 있는가? 재능기부한 사례가 있다면 나눠 보자.							

3 나눔운동의 실천 원리

핵심 성경구절

"내 형제들아 만일 사람이 믿음이 있노라 하고 행함이 없으면 무슨 유익이 있으리요 그 믿음이 능히 자기를 구원하겠느냐… 이와 같이 행함이 없는 믿음은 그 자체가 죽은 것이라"(약 2:14, 17).

우리는 하나님의 축복을 다른 이에게 나누어 줄 때 마치 나의 것을 나누어 주듯이 교만한 태도를 갖게 되기 쉽습니다. 우리는 하나님께 거저 받은 은혜를 이웃에게 베풀면서 이웃들에 대해 교만한 태도를 가져서는 안 됩니다. 예수님께서 우리를 섬겨 주셨듯이 우리도 섬기는 자세로 이웃을 섬겨야 합니다. 그러기 위해서는 우리가 먼저 예수님을 본받아 철저히 낮아질 필요가 있습니다. 예수 그리스도의 은혜를 생각하고 십자가의 고난을 생각하며 하나님 앞에서 철저히 나를 낮추는 훈련을 할 때에 우리는 하나님께서 원하시는 참된 종의 모습으로 세상 사람들을 섬길 수 있고 그들에게 그리스도의 향기를 전해 줄 수 있을 것입니다.

-『개혁주의생명신학 7대 실천운동』, 130.

나눔운동의 준비와 자세

1. 우리가 나눔을 실천하려 할 때 먼저 해야 할 것은 무엇입니까?

롬 12:1 ______________________________

____

예수님은 바리새인들이 가르치는 하나님의 말씀을 철저하게 전심을 다해 준수하라고 말씀하십니다. 하나님 말씀에 순종하고 그 말씀이 자신의 행위와 삶으로 나타나지 않으면 아무런 소용이 없습니다.

막 10:45 ______________________________

____

그리스도인이 먼저 서로를 겸손하게 섬기며 사랑하는 공동체가 되지 못한다면 분열과 다툼이 가득한 세상에 일치와 화평, 사랑을 가져다 줄 수 없습니다. 그리스도인이 먼저 나눔을 실천하지 못

한다면 세상은 우리를 통해 후히 베푸시는 하나님의 은혜를 경험하지 못할 것입니다.

2. 나눔운동의 실천을 위한 우리의 태도는 어떠해야 합니까?

행 4:32 ______________________________

____

우리는 하나님이 주신 자원들을 잘 활용해야 합니다. 성령을 통해서 우리는 예수 그리스도 안에 있는 은혜와 사랑을 무제한으로 공급받을 수 있습니다. 그리고 우리가 가진 자원들을 교회와 가족과 이웃을 위해 나누고 함께 감사해야 합니다.

롬 12:8 ______________________________

____

____

우리는 이웃을 위해 구제하는 일을 성실함으로, 그리고 즐거움으로 해야 합니다.

또한 나눔은 내가 나의 힘으로만 행하는 것이 아니라, 하나님께서 나를 통하여 일하셨다고 고백할 때 진정한 그리스도의 나눔 사역에 참여하게 되는 것입니다.

나눔운동 실천하기

3. 우리는 나눔운동을 실천하기 위해 어떤 마음이 필요합니까?

빌 2:4-5 --

성경적인 나눔운동은 우리 자신이 중심이 되는 것이 아니라, 그리스도가 우리 삶의 중심이 되는 것입니다. 예수 그리스도의 겸손한 마음을 본받아 우리도 섬기는 마음을 가져야 합니다.

빌 2:6-8 ____________________

____

____

우리의 신앙생활은 온전한 자기희생을 보여 주신 예수님을 본받아야 합니다. 우리는 하나님의 영광을 가리는 실상을 회개하고, 그 회개에 합당한 나눔의 열매를 맺어야 합니다.

4. 나눔운동의 실천을 위해 우리가 해야 할 일은 무엇일까요?

눅 12:33 ____________________

____

____

눅 10:36-37 ____________________

____

____

우리가 굶주린 자들을 먹이고 헐벗은 자들을 입히고 고통으로 신음하는 사람들을 위로할 때 하나님께서는 영광을 받으십니다. 예수님이 본이 되신 것처럼, 우리도 몸과 마음과 정성을 다해 이웃들과의 나눔을 실천해야 합니다.

○ 나눔운동과 그리스도인의 자세

5. 우리가 나눔을 실천할 때 봉사자의 자세는 어떠해야 하겠습니까?

눅 22:26-27 ______________________________

____

____

나눔이란 섬기고, 사랑하고 돌보는 것입니다. 또한 나눔은 우리의 손길이 필요한 사람들에게 아버지 하나님의 마음을 전하는 것입니다. 그런즉 예수 그리스도의 참 제자는 언제나 도움이 필요한 이웃과 함께하며, 겸손하게 섬기는 사람입니다.

요 13:14-15 ....

....

....

그리스도인의 나눔생활은 내 자아가 중심이 아니라, 그리스도가 내 삶의 중심을 이루는 삶입니다. 이를 위해서는 예수님의 행하심을 본받아 자기를 부인하고 자신을 내려놓은 훈련을 해야 합니다.

6. 우리가 나눔과 섬김을 실천하고자 할 때 그리스도인의 자세는 어떠해야 합니까?

마 6:3-4 ....

....

....

우리의 나눔은 무엇보다도 겸손함으로 하나님의 말씀과 함께 실천되어야 합니다. 남들에게 자랑하는 것이 아니라 겸손히 섬기는 자세가 요구됩니다.

벧전 4:10-11

우리가 봉사할 때는 하나님이 주시는 힘으로 하듯이 해야 합니다. 단지 인간적인 의욕만을 가지고 하면 오랫동안 섬김을 지속할 수 없습니다. 하나님의 말씀과 함께 그분의 능력을 의지하여 봉사해야 합니다.

우리 삶 속에서의 나눔

7. 우리가 그리스도인으로서 우리의 삶 속에서 나눌 수 있는 것은 무엇이겠습니까?

갈 5:22-23

우리의 말과 행실과 믿음은 행함의 열매로 나타나야 합니다. 이러한 열매는 그리스도를 본받은 교회와 성도의 참된 모습입니다.

롬 10:8-9

복음은 우리에게 하나님께서 주신 가장 귀한 선물입니다. 모든 것을 이웃에게 나누어 주었지만 복음을 전해 주지 않아 그들이 지옥에 간다면 그것은 진정한 나눔이라고 할 수 없습니다.

NOTE

핵심 포인트

하나님이 우리에게 주신 자원들을 통해 우리 역시 하나님의 사역에 참여할 수 있습니다. 하나님께서는 우리의 협력을 통해 새로운 일을 시작하실 것입니다. 우리의 열정과 재물, 기도로써 교회와 이웃에게 필요한 나눔을 실천해 봅시다.

한 주간 기도

하나님 아버지, 주님께서 몸소 행하신 것처럼 저희도 어려운 이웃과 공동체를 위해 몸과 마음으로 나눔을 실천하게 하소서. 나눔운동의 실천을 통해 우리의 믿음이 행함으로 나타날 수 있도록 도와주시옵소서. 날마다 행함으로 우리의 믿음을 이웃에게 전하게 하소서.

week

03 나눔운동의 실천 원리

한 주간의 실천

말씀의 거울로 본 나의 삶	월	화	수	목	금	토	주일
1. 이웃이나 지인들과 주님의 말씀을 나누고 있는가? 말씀을 나눌 때 겸손히 섬기는 자세로 하고 있는가? 영적 우월감을 가지고 가르치고 지적하는 자세로 하고 있지는 않은지 돌아보자.							
2. 나는 어떤 은사를 가지고 있는가?[※ <은사발견검사 설문지>(규장)] 공동체를 위해 쓰라고 하나님이 주신 은사를 활용해 나눔과 섬김을 실천하고 있는가?							
3. 우리의 말과 행실과 믿음은 행함의 열매로 나타나야 한다. 나는 나눔을 통해 성령의 아홉 가지 열매(사랑, 희락, 화평, 오래 참음, 자비, 양선, 충성, 온유, 절제) 중 어떤 열매를 맺고 있는가?							

나눔운동 | 넷째주

4 나눔의 기쁨, 하나님이 주신 선물

핵심 성경구절

"사랑하는 자들아 하나님이 이같이 우리를 사랑하셨은즉 우리도 서로 사랑하는 것이 마땅하도다"(요일 4:11).

한국교회를 바라보는 시선이 곱지 않습니다. 가장 중요한 원인 중 하나는 교회가 복음의 참된 모습을 상실한 데 있습니다. 십자가의 복음을 아는 사람들의 삶의 방식은 '하나님을 사랑하고, 이웃을 사랑하는 것'입니다. "사랑하지 아니하는 자는 하나님을 알지 못하나니 이는 하나님은 사랑이심이라"(요일 4:8). 그들은 복음을 통해 알게 된 하나님의 사랑에 감격하여 하나님께 순종합니다. 그 순종은 이웃 사랑으로, 나눔운동으로 나타납니다.

-『개혁주의생명신학 7대 실천운동』, 120.

나눔의 부메랑 효과

1. 나눔으로 받는 복은 무엇입니까?

눅 6:38 ____________________

____

____

우리의 나눔을 통해 하나님께서는 크신 축복으로 함께하실 것입니다. 또한 우리가 행하는 이웃과의 작은 나눔이 다시 또 다른 나눔으로 되돌아오게 될 것입니다.

마 15:37-38 ____________________

____

나눔의 결과는 우리가 생각하는 것 이상으로 차고 넘치는 결실을 보여 줍니다. 비록 작은 나눔일지라도 이 작은 나눔을 통해서 하나님께서는 크신 축복으로 함께하십니다. 나의 작은 것을 나눔으로써 커다란 기쁨이 찾아올 수 있습니다.

나눔을 통해 개인이 받는 복

2. 선행과 구제의 나눔을 통하여 개인이 받는 복은 무엇입니까?

행 9:36 ______________________________

____

____

다비다는 은혜와 아름다움을 의미합니다. 이러한 다비다는 선행과 구제함으로 이웃을 유익하게 할 뿐만 아니라 자신도 죽은 자 가운데서 다시 살아나게 되는 복을 누렸습니다.

눅 19:8 ______________________________

____

____

삭개오가 자신의 재산을 가난한 자에게 나누는 것은, “이웃을 내 몸같이 사랑하라”는 예수님의 계명을 실천하는 것입니다. 우리가 물질을 다른 사람과 나눈다는 것은 예수님의 사랑을 실천하고 구원에 대한 감사의 표현입니다.

나눔을 실천하는 가정이 받는 복

3. 선행과 구제함의 나눔을 통하여 가정이 받는 복은 무엇입니까?

행 10:2 --

하나님을 경외하고 이웃을 구제하는 고넬료의 가정에 복음이 선포됩니다. 또한 성령이 고넬료의 집에 모인 사람들에게 임하게 됩니다.

시 128:1-2

하나님을 경외하고 이웃을 섬기는 가정은 복이 있습니다. 이러한 가정은 모든 일에서 다 형통하리라고 말씀하십니다. 우리는 나눔을 실천하는 가정의 복을 통해 이웃과 교회를 섬기는 삶이 되어야 합니다.

◦ 나눔으로 교회와 민족이 받는 복

4. 선행과 구제함의 나눔을 통하여 교회와 민족이 받는 복은 무엇입니까?

신 14:29

우리의 나눔을 통해 이 땅에서 하나님의 사랑이 더욱 풍성하게 됩니다. 우리의 재능과 물질을 어려운 이웃과 공동체를 위해 나눌 때 하나님께서는 복을 내려주십니다.

신 28:1 --

본문은 이스라엘이 나눔의 복을 통하여 받을 복에 대한 말씀입니다. 우리가 하나님의 말씀을 순종하면 하나님께서 복을 내려주시며, 이러한 복은 이 땅의 모든 환경과 물질적인 것을 포함합니다. 그러므로 우리는 '들어와도 복을 받고 나가도 복을 받게 되는'(신 28:6) 것입니다.

5. 나눔을 통해 하나님께서 우리에게 원하시는 것은 무엇입니까?

고후 9:11 --

우리의 나눔을 통해 가난한 이웃들은 물질과 영적으로 부요해질 것입니다. 이웃들은 우리의 정성스런 나눔을 통해 하나님께 감사하며 영광을 돌리게 될 것입니다.

요일 4:11 ________________________________

____

우리가 신앙생활을 통해 세상에서 가장 우선해야 할 것은 서로 사랑하는 것입니다. 하나님은 사랑의 원천이시며 그분의 사랑을 통해 우리도 서로 사랑해야 합니다. 이러한 하나님의 사랑은 성도들의 봉사와 섬김처럼 실천으로 나타나야 할 것입니다.

나눔을 통해 전하는 하나님 사랑

6. 나눔을 통해 우리가 얻게 되는 것은 무엇입니까?

롬 15:7 ________________________________

죄 없으신 그리스도께서 죄 많은 우리를 용납하신 것처럼 서로의 허물을 사랑으로 덮어 주고 용납함으로써 희생과 봉사의 삶을 사는 것이 그리스도를 본받는 것입니다. 나눔은 나의 공로를 자랑하는 것이 아니라 하나님 아버지께 감사와 영광을 드리는 것입니다.

요일 4:12 ______________________________

____

____

우리의 착한 행실 가운데 가장 우선해야 할 것은 서로 사랑하는 나눔의 실천입니다. 우리의 작은 나눔의 실천이 세상 사람들로 하여금 하나님의 사랑을 경험할 수 있게 되며, 우리도 역시 하나님의 사랑을 깨닫게 됩니다.

7. 나눔의 결과는 무엇입니까?

마 14:20-21 ______________________________

____

우리의 나눔과 선행의 삶이 하늘에 계신 하나님께 영광이 되고, 믿지 않는 사람들에게 본이 됩니다.

고후 9:11 ______________________________

____

우리의 나눔을 통해 가난한 이웃들은 물질적으로, 영적으로 부요해질 것입니다. 또한 우리의 이웃들은 우리의 정성스런 나눔을 통해 하나님께 감사하며 영광을 돌리게 될 것입니다.

NOTE

핵심 포인트

나눔의 기쁨은 하나님께서 주신 선물입니다. 그러므로 우리가 나눔을 실천하는 것은 하나님의 사랑을 나누는 것이고 실천하는 것입니다. 나눔운동은 우리가 받은 하나님의 은혜와 축복을 이웃과 함께 나누는 실천운동입니다. 우리의 나눔운동을 통해 하늘에 계신 아버지께서 영광을 받게 되십니다. 현재 우리 삶의 대부분을 채우고 있는 주된 활동은 무엇인지 생각해 보십시오. 이 활동이 주님과 관계가 있는 것인지, 이웃과의 섬김과 관련이 있는지 돌아보십시오. 우리 주님과의 나눔과 이웃과의 사랑의 섬김을 위해 한 주간 동안 실천합시다.

한 주간 기도

하나님 아버지, 어려운 이웃과 소외된 자를 위해 물질과 마음으로 함께 나눌 수 있는 넉넉한 믿음을 내려주옵소서. 우리의 작은 나눔을 통해 하나님께 영광 돌리게 하시고, 날마다 사랑으로 이웃과의 나눔을 실천하게 하옵소서.

week

04 나눔의 기쁨, 하나님이 주신 선물

한 주간의 실천

말씀의 거울로 본 나의 삶	월	화	수	목	금	토	주일
1. 선교사 후원사역을 위해 나눔을 실천하고 있는가? ※ 선교헌금, 중보기도, 선교지에 필요한 물품 나눔, 단기선교로 사역 현장에서 섬기기, 기도편지에 격려의 글 보내기 등							
2. 전 세계 빈곤지역에 있는 아동들과 결연을 맺어 지속적으로 후원하며, 하나님이 내게 주신 축복과 사랑을 나누자. ※ 월드비전(m.worldvsion.co.kr), 기아대책(m.kfhi.or.kr) , 유엔난민기구(UNHCR) 등							
3. 나의 작은 나눔으로 사람들이 하나님의 사랑을 경험하게 된다. 나눔과 선행으로 하나님께 영광을 돌리고 믿지 않는 사람들에게 본이 되었는가?							

개혁주의생명신학
7대실천운동 해설

6. 나눔운동

예수님의 사랑을 이웃에게 실천하자

6. 나눔운동

'나눔운동'은 그리스도의 희생과 섬김을 본받아 이웃을 섬기고, 모든 것을 그들과 나누자는 운동입니다. 우리는 하나님께서 우리에게 베풀어 주신 영적 축복과 물질적 축복을 이웃과 함께 나누어야 합니다. 하나님의 은혜를 받은 사람이라면 은혜 베푸시는 하나님을 닮아야 합니다. 이웃에게 구원의 기쁜 소식을 나누고, 하나님께서 허락해 주신 모든 좋은 것을 나누어야 합니다. 나눔운동은 올바른 자세를 갖는 것이 중요합니다. 우리는 죽기까지 낮아지셔서 종의 자세로 섬기신 예수님을 본받아야 합니다. 예수 그리스도의 은혜를 생각하고 십자가의 고난을 생각하며 하나님 앞에서 철저히 나를 낮추는 훈련을 할 때에 우리는 하나님께서 원하시는 참된 종의 모습으로 세상 사람들을 섬길 수 있습니다.

우리는 전도뿐만 아니라 구제와 봉사활동에 적극 동참해야 합니다. 나눔운동은 교회를 교회답게 하고 교회 밖의 사람들을 향해 예수님의 사랑을 전합니다. 나눔운동은 우리를 위해 모든 것을 희생해 주신 예수님의 십자가 사랑을 본받아 그분의 명령에 순종하는 것입니다.

1. 핵심 성경구절

"새 계명을 너희에게 주노니 서로 사랑하라 내가 너희를 사랑한 것같이 너희도 서로 사랑하라 너희가 서로 사랑하면 이로써 모든 사람이 너희가 내 제자인 줄 알리라"(요 13:34-35).

2. 서언

한국교회를 바라보는 시선이 곱지 않습니다. 가장 중요한 원인 중 하나는 교회가 복음의 참된 모습을 상실한 데 있습니다. 복음의 본질인 예수 그리스도의 생명은 놓쳐 버리고 외형적인 껍데기를 의지하기 때문입니다. 십자가의 복음을 아는 사람들의 삶의 방식은 '하나님을 사랑하고, 이웃을 사랑하는 것'입니다. "사랑하지 아니하는 자는 하나님을 알지 못하나니 이는 하나님은 사랑이심이라"(요일 4:8). 그들은 복음을 통해 알게 된 하나님의 사랑에 감격하여 하나님께 순종합니다. 그 순종은 이웃 사랑으로, 나눔운동으로 나타납니다.

신학은 '생명을 받고, 생명을 주는' 신학이어야 합니다. 은혜로 생명을 받은 사람이라면 이웃에게 생명을 나누어 줌으로 하나님께 감사해야 합니다. 하나님의 사랑을 이웃 사랑으로 표현해야 합니다. 나눔운동은 그러한 사랑을 실천하는 운동입니다. "믿음, 소망, 사랑, 이

세 가지는 항상 있을 것인데 그중의 제일은 사랑이라"(고전 13:13).

개혁주의생명신학은 이론뿐인 신학이 아니며, 학문으로서의 신학도 아닙니다. 교회 현장에서 실제로 실천되고 이 사회를 변화시키려는 기독인으로서의 삶의 실천운동입니다. 나눔운동은 그리스도의 희생과 섬김을 본받아 모든 것을 세상과 이웃을 위하여 나누고 섬기는 운동입니다.

개혁주의생명신학은 우리가 받은 하나님의 은혜와 축복을 이웃과 함께 나누고자 하는 나눔운동입니다. 우리는 하나님께서 우리에게 베풀어 주신 모든 영적, 물질적 축복을 이웃과 함께 나누어야 합니다. 우리는 먼저 구원의 기쁜 소식을 나누어야 할 것입니다. 그래서 우리 주위의 모든 사람들이 천국에 갈 수 있도록 해야 할 것입니다. 그러나 구원의 소식뿐만 아니라 하나님께서 허락해 주신 모든 좋은 것을 이웃과 함께 나누어야 합니다.

3. 나눔운동의 정의

나눔운동은 우리가 받은 하나님의 은혜와 축복을 이웃과 함께 나누는 운동입니다. 이제 개혁주의생명신학에서 말하는 나눔운동에 대해 간단히 살펴보도록 하겠습니다.

1) 자신을 변화시키는 역동적인 실천을 추구한다

아는 것과 믿는 것은 다릅니다. 아는 것은 지식에 불과합니다. 믿음은 나 자신을 내려놓고, 십자가 앞에서 온전히 죽는 것입니다. 믿음은 예수 그리스도를 전적으로 의지하는 것입니다. 예수님께서 십자가를 참으사 부끄러움을 개의치 아니하시고 하나님 아버지의 뜻에 순종했던 것처럼 우리도 무조건 순종하는 것입니다.

믿음에는 지적 요소가 있습니다. 우리는 우리가 무엇을 믿어야 하는지 알아야 합니다. 그러나 그것으로 충분하지 않습니다. 우리가 신학을 배울 때, 우리가 배운 하나님의 말씀을 삶으로 실천하는 습관을 훈련해야 합니다. 우리의 생활 속에서 하나님을 경외하고, 하나님의 말씀에 순종하는 모습이 나타나야 하는 것입니다.

마태복음 23장 3절은 "그러므로 무엇이든지 그들이 말하는 바는 행하고 지키되, 그들이 하는 행위는 본받지 말라 그들은 말만 하고 행하지 아니하며"라고 말합니다. 예수님은 바리새인들이 가르치는 하나님의 말씀을 철저하게 전심을 다해 준수하라고 말씀하십니다. 그러나 바리새인들의 행위는 본받지 말아야 합니다. 바리새인들은 하나님의 말씀을 가르치면서도 자신들은 그대로 행하지 않았던 것입니다.

오늘 우리 한국의 신학자와 목회자들은 바리새인들을 닮지는 않았습니까? 성도들에게 하나님의 말씀에 순종하라고 가르치면서 자신들은 불순종하고 있지는 않습니까? "저희는 말만 하고 행하지 아니한다"는 주님의 책망을 받지는 않겠습니까? 성경대로 생각하고, 성경대로 말하고, 성경대로 가르치더라도 성경의 말씀이 자신의 행위와 삶으로 나타나지 않으면 아무런 소용이 없습니다.

2) 교회를 변화시키는 역동적인 실천을 추구한다

나눔운동은 교회를 교회답게 하고 교회 밖의 세상 사람들을 향해 예수님의 사랑을 전할 수 있는 통로입니다. 에베소 지역은 주후 1세기 세계에서 가장 큰 규모를 지닌 도시 중의 하나였습니다. 에베소는 아시아의 관문으로 수많은 사람이 왕래하던 곳이었습니다. 사도 바울은 이처럼 중요한 도시에 에베소 교회를 개척했습니다. 에베소 교회는 어떤 교회보다 크게 성장했습니다. 마치 지금의 한국교회처럼 큰 부흥을 이뤘습니다.

하지만 40년 정도 지나면서 에베소 교회는 심각한 문제에 직면하게 됐습니다. 그들은 그리스도의 처음 사랑을 잃어버린 것입니다. 교회의 머리 되신 주님께서는 안타까운 심정으로 에베소 교회를 책망하셨습니다. 요한계시록 2장 4절은 "그러나 너를 책망할 것이 있나니 너의 처음 사랑을 버렸느니라"고 말씀합니다. 처음 사랑은 십자가를 통해서 간직하게 된 하나님 사랑과 이웃 사랑을 의미합니다. 에베소 교회는 이단으로부터 교회를 지키기 위해 힘썼지만 이 과정에서 당을 짓고 싸움을 했습니다. 분열하며 "나만 옳다"는 자기 의에 빠져 버렸습니다. 그 결과 교회는 분열하게 되었고, 그리스도의 첫 사랑을 잃어버렸습니다. 예수님께서는 마태복음 5장 44절에서 "나는 너희에게 이르노니 너희 원수를 사랑하며 너희를 박해하는 자를 위하여 기도하라"고 말씀하십니다.

오늘날 이 시대는 한국교회에게 나눔운동을 기대하고 있습니다. 예수님께서 관심을 가지시고 돌보셨던 사회적 약자인 어린이와 노약자, 장애인, 극빈자와 소외계층을 교회가 앞장서 품어야 합니다. 이러한 나눔운동은 교회 안에 긍정적인 변화를 가져옵니다. 하나님 말씀을 머리로 배우는 데 그치지 않고 실천할 수 있는 현장을 제공함으로써 성도들이 그들의 믿음을 사랑의 실천으로 표현할 수 있도록 하기 때문입니다. 사랑의 나눔은 교회와 성도들을 변화시키는 역동적 실천입니다.

무엇보다 나눔운동은 교회 공동체 안에서 먼저 실천되어야 합니다. 예수님의 몸인 교회는 서로 사랑함으로 하나 될 때 세상을 이길 수 있기 때문입니다. "하나님을 사랑하는 것은 이것이니 우리가 그의 계명들을 지키는 것이라 그의 계명들은 무거운 것이 아니로다 무릇 하나님께로부터 난 자마다 세상을 이기느니라 세상을 이기는 승리는 이것이니 우리의 믿음이니라"(요일 5:3-4). 계명은 다름 아니라 하나님을 사랑하고 이웃을 사랑하는 것입니다. 그런데 이웃을 사랑하기 전에 먼저 해야 할 것은 예수 그리스도를 믿는 우리 형제 자매를 사랑하는 것입니다.

3) 나눔운동은 세상을 변화시키는 역동적인 실천을 추구한다

개혁주의생명신학은 예수 그리스도의 복음과 사랑으로 세상을 변화시키고자 합니다. 교회 공동체 안에서 실천되는 사랑은 반드시 교회 밖으로 흘러나가 세상을 변화시켜야 합니다. "우리는 기회 있는 대로 모든 이에게 착한 일을 하되 더욱 믿음의 가정들에게 할지니라"(갈 6:10). 나눔운동은 교회 공동체 안에서 활발히 일어나는 동시에 교회 밖의 모든 사람을 향해서도 이루어져야 합니다.

아브라함이 그돌라오멜 동맹군을 격파하고 돌아올 때 살렘 왕 멜기세덱은 그를 축복하면서 "천지의 주재이시요 지극히 높으신 하나님이여 아브람에게 복을 주옵소서 너희 대적을 네 손에 붙이신 지극히 높으신 하나님을 찬송할지로다"(창 14:19-20)라고 말했습니다. 이 전쟁의 승리자는 아브라함이 아니라 하나님이시라는 뜻입니다. 이 전쟁의 전리품을 나눌 수 있는 권한이 아브라함에게 있지 않고 천지의 주재이신 하나님께 있다는 뜻입니다. 하나님으로부터 그 전리품을 복으로 받은 아브라함은 필요 경비를 제외한 모든 것을 소돔 왕에게 주었습니다. 아브라함은 세상을 향한 하나님의 사랑을 나누는 축복의 통로였습니다.

소돔 왕과 그 백성은 회개하여 하나님께 돌아오지 않고 도리어 유황불로 심판을 받았습니다. 소돔 백성은 하나님의 원수였으며 아브라함의 원수였습니다. 그럼에도 그들은 아브라함을 통해 하나님의 사랑을 받았습니다. 예수님도 "너희 원수를 사랑하라"고 하시고 "이같이 한즉 하늘에 계신 너희 아버지의 아들이 되리니 이는 하나님이 그 해를 악인과 선인에게 비추시며 비를 의로운 자와 불의한 자에게 내려 주심이라"(마 5:45)고 말씀하십니다. 선인과 의로운 자뿐 아니라 악인과 불의한 자에게도 해를 비춰 주시고 비를 내려 주시는 하나님의 사랑을 실천하는 사람이 하나님의 자녀입니다.

우리도 같은 방식으로 하나님의 사랑을 받았습니다. "우리가 아직 죄인 되었을 때에 그리스도께서 우리를 위하여 죽으심으로 하나님께서 우리에 대한 자기의 사랑을 확증하셨느니라"(롬 5:8). 하나님의 사랑에 반응하여 우리 죄를 회개하고 하나님께 나아올 때 우리는 하나님으로부터 더욱 큰 사랑을 받게 될 것입니다. 하나님의 사랑에 반응하지 않는 사람은 결국 심판을 받을 것입니다. "그들이 듣든지 아니 듣든지 너는 내 말로 고할지어다"(겔 2:7)라는 말씀처럼 세상이 하나님 사랑에 반응하든지 아니하든지 우리는 조건 없이 사랑의 나눔을 베풀어야 합니다. 나눔운동은 나눔 자체에 큰 의미가 있습니다.

4) 하나님이 주신 모든 영적 축복을 이웃과 나누어야 한다

개혁주의생명신학은 개혁주의신학을 예수 그리스도의 생명으로 살리는 운동입니다. 생명은 살아서 움직입니다. 생명은 생명을 가져옵니다. 예수님의 생명을 소유한 자는 예수님의 삶을 사는 자이며, 예수님의 사랑을 나누는 자입니다. 사랑은 나눔으로 나타납니다.

우리는 복음 전파를 통해 모든 영적 축복을 이웃에게 나누어야 합니다. 로마서 1장 16절은 "내가 복음을 부끄러워하지 아니하노니 이 복음은 모든 믿는 자에게 구원을 주시는 하나님의 능력이 됨이라"고 말씀합니다. 그런데 지금 목회자들이 복음 전파를 게을리 하고, 복음을 부끄러워하는 지경에까지 왔습니다.

신학은 예수님의 생명을 풍성히 받아서 죽어가는 이 세상에 생명을 주는 것입니다. 신학의 목적은 전도를 통한 구원입니다. 하나님이 우리에게 찾아오셔서 말씀하시는 목적은 우리로 하여금 믿고 순종하여 구원에 이르게 하고, 우리가 그것을 다른 사람에게 전도하여 그 사람도 믿고 구원에 이르게 하는 것입니다. 그러므로 신학은 반드시 하나님의 말씀의 선포와 전도를 동반해야 합니다. 하나님께서 전도를 통하여 구원의 역사를 일으키시기 때문입니다. 개혁주의생명신학은 하나님의 말씀으로 교회를 섬기는 신학이며, 기도와 전도를 통해 구원의 열매를 맺는 신학입니다.

우리는 먼저 구원의 기쁜 소식을 나누어야 할 것입니다. 그래서 우리 주위의 모든 사람들이 천국에 갈 수 있도록 해야 할 것입니다. 우리가 이웃과 함께 나누어야 할 가장 귀중한 것은 복음입니다. 복음은 하나님께서 우리에게 주신 가장 귀한 선물이기 때문입니다. 모든 것을 이웃에게 나누어 주었지만 복음을 전해 주지 않아 그들이 지옥에 갔다면 그것은 진정한 나눔이라고 할 수 없을 것입니다. 그러므로 우리는 항상 복음을 전하는 일에 힘써야 합니다. "너는 말씀을 전파하라 때를 얻든지 못 얻든지 항상 힘쓰라"(딤후 4:2).

성경은 "우리가 전파하는 복음의 말씀을 듣고, 예수를 주로 시인하여 마음으로 믿으면, 구원을 얻는다"(롬 10:8-9)고 말씀하고 있습니다. 그러므로 골방에서 성경을 연구하는 학자보다 오히려 하나님의 말씀을 열심히 전하는 자가 참된 신학자라고 할 수 있을 것입니다.

개혁주의생명신학은 경건의 신학이요, 영생의 신학입니다. 이 신학은 하나님의 계시인 성경, 곧 하나님의 말씀을 섬기는 신학이며, 기도와 전도를 통해 구원의 열매를 맺는 신학입니다. 우리는 이런 신학을 회복해야 합니다. 우리는 영적 생명을 나누어 주는 전도에 힘써야 합니다. 우리는 이런 진정한 신학을 통해서 하나님을 더욱 사랑하고, 하나님께 찬양과 경배를 돌리며, 하나님의 교회를 부흥시켜야 할 것입니다.

하지만 이것은 봉사활동을 하기 전에 항상 복음부터 전해야 한다거나 아니면 다른 모든 봉사활동은 나중에 있을 복음전도를 전제로 한 것이어야 한다는 뜻은 아닙니다. 복음의 직접적인 전달 없이도 우리가 겸손히 섬기고 봉사하는 모습을 보여 준다면 그들은 스스로 기독교에 대해 관심을 갖게 되고 복음을 영접하게 될 것입니다. 오히려 교회가 항상 구제와 봉사를 매개로 삼아 복음을 전하려 한다면 사람들은 교회의 모든 활동에 대해 마음의 문을 닫을지도 모릅니다. 복음을 전하는 일은 성령의 인도하심에 따라 지혜롭게 행해야 할 것입니다.

5) 하나님께서 주신 모든 물질적 축복을 이웃과 함께 나누어야 한다

우리는 구원의 소식뿐만 아니라 하나님께서 허락해 주신 모든 좋은 것을 함께 나누는 자들이 되어야 합니다. 성경이 말씀하는 가장 큰 계명은 하나님을 사랑하고 이웃을 사랑하는 것입니다. 우리는 그 뜻을 받들어 전도뿐만 아니라 구제와 봉사활동에 적극 동참해야 합니다. 그것이 개혁주의생명신학이 지향하는 나눔운동입니다.

하나님의 은혜를 받은 사람이라면 은혜 베푸시는 하나님을 닮아야 합니다. 하나님께서는 이스라엘 백성을 종 되었던 이집트 땅에서 건지신 후에 그들에게 안식일을 지키도록 하셨습니다. 이스라엘 공동체 내에 안식이 필요한 사람들이 안식을 누리도록 하시기 위해서였습니다. "너는 기억하라 네가 애굽 땅에서 종이 되었더니 네 하나님 여호와가 강한 손과 편 팔로 거기서 너를 인도하여 내었나니 그러므로 네 하나님 여호와가 네게 명령하여 안식일을 지키라 하느니라"(신 5:15). 안식 없이 고통 가운데 일해야 했던 이스라엘 백성이 하나님으로부터 안식과 쉼을 얻었을 때 그들은 이웃에게도 그런 안식과 쉼을 베풀어야 하는 책임을 집니다. 하나님께서 주신 물질적 축복을 이웃과 함께 나누는 것은 복 주시는 하나님께 감사하는 일이기도 합니다.

우리의 물질적 축복은 하나님께서 우리에게 은혜로 베푸신 선물입니다. "서로 사랑하라 내가 너희를 사랑한 것같이 너희도 서로 사랑하라"(요 13:34). 하나님이 주신 선물은 우리 자신을 위해서만이 아니라 이웃의 유익을 위해서도 사용되어야 합니다. "각각 자기 일을 돌볼 뿐더러 또한 각각 다른 사람들의 일을 돌보아 나의 기쁨을 충만하게 하라"(빌 2:4). 하나님께서 베풀어 주신 축복을 이웃과 함께 나눌 때 하나님께서 매우 기뻐하십니다.

예수님은 마지막 심판 때에 "모든 민족을 그 앞에 모으고 각각 구분하기를 목자가 양과 염소를 구분하는 것같이 하여"(마 25:32) 양과 같은 의인들을 그 오른편에 두십니다. 예수님은 그들에게 "내 아버지께 복 받을 자들이여 나아와 창세로부터 너희를 위하여 예비된 나라를 상속받으라 내가 주릴 때에 너희가 먹을 것을 주었고 목마를 때에 마시게 하였고 나그네 되었을 때에 영접하였고 헐벗었을 때에 옷을 입혔고 병들었을 때에 돌보았고 옥에 갇혔을 때에 와서 보았느니라"(마 25:34-36)고 말씀하십니다. 하나님께서는 우리가 받은 물질적 축복을 이웃과 함께 나누었는지 살펴보시고 심판하십니다.

4. 현재 교회와 기독교인들의 문제점들

1) 이웃에게 나누어 주면서 교만해서는 안 된다

우리는 하나님의 축복을 다른 이에게 나누어 줄 때 마치 나의 것을 나누어 주듯이 교만한 태도를 갖게 되기 쉽습니다. 우리는 하나님께 거저 받은 은혜를 이웃에게 베풀면서 이웃들에 대해 교만한 태도를 가져서는 안 됩니다. 개혁주의생명신학은 하나님의 은혜의 신학입니다. 우리가 율법을 행함으로 구원을 받는 것이 아니라 오직 하나님의 은혜로 구원을 받는 것입니다. 우리가 예수 그리스도를 믿고 구원에 이르는 복음의 진리는 하나님의 은혜로 우리에게 값없이 주어진 선물입니다. 나눔운동은 우리의 것이 아니라 하나님의 은혜를 이웃에게 전하는 운동입니다. 우리는 하나님의 은혜가 전달되는 통로일 뿐입니다.

2) 종의 자세로 섬기신 예수님을 본받아야 한다

이웃에게 나누어 주면서 교만해서는 안 될 뿐만 아니라 우리는 오히려 종의 자세로 섬겨야 합니다. 그것이 예수님을 따르는 성도들의 올바른 모습입니다. 예수님께서는 철저히 종의 자세로 우리를 섬겨 주셨습니다. "인자가 온 것은 섬김을 받으려 함이 아니라 도리어 섬기려 하고 자기 목숨을 많은 사람의 대속물로 주려 함이니라"(막 10:45).

예수님께서 우리를 섬겨 주셨듯이 우리도 섬기는 자세로 이웃을 섬겨야 합니다. 그러기 위해서는 우리가 먼저 예수님을 본받아 철저히 낮아질 필요가 있습니다. 예수 그리스도의 은혜를 생각하고 십자가의 고난을 생각하며 하나님 앞에서 철저히 나를 낮추는 훈련을 할 때에 우리는 하나님께서 원하시는 참된 종의 모습으로 세상 사람들을 섬길 수 있고 그들에게 그리스도의 향기를 전해 줄 수 있을 것입니다.

3) 한국교회는 이웃을 위해 기꺼이 희생하겠다는 자세로 일해야 한다

한국교회는 먼저 자신을 위해 재원을 사용하고 여분의 것으로 이웃을 도우려는 경향이 있습니다. 그러나 예수님께서는 우리가 철저히 희생하면서 이웃을 섬길 것을 요구하십니다. 예수님께서는 "내가 진실로 진실로 너희에게 이르노니 한 알의 밀이 땅에 떨어져 죽지 아니하면 한 알 그대로 있고 죽으면 많은 열매를 맺느니라"(요 12:24)고 하셨습니다. 이 말씀의 뜻은 일차적으로 예수님의 십자가의 희생으로 많은 이들이 구원을 받게 되리라는 말씀이지만, 이차적으로는 우리가 예수님을 본받아 이웃을 위해 희생하고 섬기는 삶을 살 때 많은 열매를 맺게 되리라는 말씀이기도 합니다. 우리는 이 말씀에 순종하는 삶을 살아야 합니다.

5. 성경적 해법

1) 우리의 믿음은 반드시 사랑의 나눔으로 표현되어야 한다

로마서 2장 17-21절은 위선적인 유대인 지도자들을 향하여 엄중한 책망의 메시지를 기록하고 있습니다. "유대인이라 불리는 네가 율법을 의지하며 하나님을 자랑하며, 율법의 교훈을 받아 하나님의 뜻을 알고 지극히 선한 것을 분간하며, 맹인의 길을 인도하는 자요, 어둠에 있는 자의 빛이요, 율법에 있는 지식과 진리의 모본을 가진 자로서 어리석은 자의 교사요, 어린아이의 선생이라고 스스로 믿으니, 그러면 다른 사람을 가르치는 네가 네 자신은 가르치지 아니하느냐?"

우리의 믿음은 단순한 지적 동의에 머물지 말고 반드시 사랑의 나눔으로 표현되어야 합니다. "우리가 성령으로 믿음을 따라 의의 소망을 기다리노니 그리스도 예수 안에서는 할례나 무할례나 효력이 없으되 사랑으로써 역사하는 믿음뿐이니라"(갈 5:5-6). "내 형제들아 만일 사람이 믿음이 있노라 하고 행함이 없으면 무슨 유익이 있으리요 그 믿음이 능히 자기를 구원하겠느냐 … 이와 같이 행함이 없는 믿음은 그 자체가 죽은 것이라"(약 2:14-17). 사랑의 나눔이 없는 믿음은 죽은 믿음입니다.

2) 우리가 가장 우선해야 할 것은 서로 사랑하는 것이다

요한일서 4장 7-8절은 "사랑하는 자들아 우리가 서로 사랑하자 사랑은 하나님께 속한 것이니 사랑하는 자마다 하나님으로부터 나서 하나님을 알고 사랑하지 아니하는 자는 하나님을 알지 못하나니 이는 하나님은 사랑이심이라"고 말씀합니다. 그리고 "사랑은 여기 있으니 우리가 하나님을 사랑한 것이 아니요, 하나님이 우리를 사랑하사 우리 죄를 속하기 위하여 화목제물로 그 아들을 보내셨음이라 사랑하는 자들아 하나님이 이같이 우리를 사랑하셨은즉 우리도 서로 사랑하는 것이 마땅하도다 어느 때나 하나님을 본 사람이 없으되 만일 우리가 서로 사랑하면 하나님이 우리 안에 거하시고 그의 사랑이 우리 안에 온전히 이루어지느니라"(요일 4:10-12)고 말씀하십니다.

예수님께서는 우리 빛이 사람 앞에 비치게 하여 세상 사람들로 하여금 우리 착한 행실을 보고 하늘에 계신 아버지께 영광을 돌리게 하라고 말씀하셨습니다(마 5:16). 우리의 착한 행실 가운데 가장 우선해야 할 것은 서로 사랑하는 것입니다. 개혁주의생명신학은 성령님의 인도하심을 따라 말씀과 기도 가운데 먼저 자신을 개혁하고, 예수 그리스도의 생명으로 교회를 새롭게 하며, 예수 그리스도의 복음과 사랑으로 세상을 변화시키기를 지향하는 것입니다.

6. 실천 사례

기독교대학은 나무와 열매, 믿음과 사랑의 행위가 일치하고, 소금과 빛의 기능을 올바로 감당하는 윤리적 책임을 회복하는 데 앞장서야 합니다. 백석대학교는 "세상을 바꾸는 것은 지식이 아니라 예수님의 사랑이다"라고 외치고 있습니다. 그리고 그 사랑을 실천하는 나눔운동을 여러 가지로 전개하고 있습니다.

1) 모든 백석인이 함께하는 나눔운동

백석대학교는 2012년에 3,006명이 참가하여 세계에서 가장 큰 인간 핏방울을 만드는 기네스 신기록을 세웠을 뿐 아니라, 매년 열리는 '사랑 나눔 대축제' 기간에 헌혈운동을 벌이고 있으며, 2014년에는 단일 기관 하루 최대 헌혈 기네스 기록을 세우기도 했습니다. 또한 꿈나무 교육 프로그램, 농촌봉사 활동, 재해복구 봉사 등의 봉사 활동도 활발히 이루어지고 있습니다.

2) 사회봉사센터를 통한 나눔운동

백석대학교 사회봉사센터는 사회봉사 활동을 통하여 나눔과 섬김의 기독교 정신을 구현하고 올바른 인성을 함양하고자 합니다. 사회봉사센터는 자원봉사자들을 모집하여 그들에게 자원봉사 교육을 시키며, 자원봉사 기관들을 소개하고 안내해 주는 역할을 하고 있습니다. 사회봉사 인증제를 운영하고, 사회봉사 장학생을 선발하며, 사회봉사상을 선발 및 추천하고 있습니다. 이와 함께 학기마다 100여 개의 사회봉사 프로그램을 개발·공모·지원하고, 사회봉사 실적을 관리하며 사회봉사 관련 행정 서비스를 제공하고 있습니다. 사회봉사가 학점에 반영되고 있을 뿐 아니라, 교수 업적 평가에도 반영됨으로 백석대학교의 학생뿐 아니라 교수까지도 나눔운동에 적극 참여하도록 하고 있습니다.

사회봉사센터에는 벽화봉사 활동 등 이웃과 따뜻한 사랑을 나누는 봉사활동을 하는 RCY와 장애인봉사동아리 아사도우(아끼고 사랑하며 도우는 우리들), 청소년 관련 프로그램을 자원봉사하는 이글, 순

수봉사를 하는 P.S.P.(사람을 섬기는 사람들), 사회 소외계층을 섬기는 자원봉사 동아리 밀알, 청운보육원의 미취학 아동들을 돕는 모가세(모이자! 가자! 세상으로!), 천안 삼일 육아원에서 봉사하는 유사모(유아를 사랑하는 모임), 전 세계의 평화를 증진하기 위한 로타랙트(Rotaract)가 있습니다. 이 동아리들을 통해 백석대학교 학생들은 사랑의 나눔을 실천하는 운동에 참여하며 참된 지식을 배우고 있습니다.

백석대학교는 매년 가을에 '사랑의 김장 나눔 대축제'를 열어 학생들과 교직원들이 직접 담근 김장 김치를 지역 내 소외계층에게 나누어 줌으로써 '이웃과 함께하는 대학'이라는 지표를 실천하고 있습니다.

3) 인성개발원의 나눔운동

백석대학교 인성개발원은 매년 전국 시설 어린이와 청소년들을 대상으로 '전국 아동복지시설 어린이 청소년 백석쿰캠프'를 운영하여 인성훈련, 지성훈련, 감성훈련, 영성훈련, 체력훈련 등 다양한 프로그램을 제공하고 있습니다.

4) 제3세계 크리스천 인재양성 프로그램

과거 선진국 교회들은 한국의 젊은이들을 자국 대학에 입학시켜 기독교 지성인으로 교육시켜 주었습니다. 그들은 조국에 돌아와 한국의 발전에 지대한 공헌을 하였습니다. 이에 보답하는 길은 제3세계 학생들을 백석대학교로 데려와서 기독교 지성인으로 교육시키는 것이라고 생각합니다. 그래서 백석대학교에서는 뜻을 같이 하는 여러 교회들과 기업들 및 개인의 후원을 받아 아프리카, 남미 등의 제3세계 크리스천 인재들을 데리고 와서 그들을 기독 지성인으로 교육시키는 프로그램을 진행하고 있습니다. 우리는 그들을 후원교회의 현지인 선교사로 양성하기 위해 노력하고 있습니다.

백석대학교는 이러한 나눔운동을 통해 학생들을 세상에서 소금과 빛의 역할을 다할 수 있도록 사랑과 섬김의 아름다운 인격으로 만들어가고 있습니다.

6. 나눔운동 | 실천적 제안

❶ 사람들은 전도가 어렵다고 한다.
하지만 마음을 여는 전도의 접촉점을 찾으면 쉬운 법.
오늘도 누군가는 구원을 기다린다.

---

❷ 나의 도움과 사랑이 필요한 사람은 누구인가?
사랑의 나눔 있는 곳에 하나님이 계신다.
나눌수록 풍성해지는 하나님의 놀라운 계산법.

---

❸ 남에게 받기보다 주는 것을 좋아하는 습관을 가질 때
마음과 마음을 잇는 징검다리, 축복의 통로가 된다.

---

❹ 희생하고 섬길 때 많은 열매를 맺는다.
소외 계층을 섬기는 구제와 봉사활동은
무익한 종의 자세로!

---

❺ 생명을 살리는 헌혈은 또 하나의 이웃사랑.
세상을 바꾸는 것은 지식이 아니라 예수님의 사랑이다.

---

❻ 사랑하는 가족을 잃은 이들이 있다면
상실의 아픔을 추스를 수 있도록 위로해 보자.
우산 없이 함께 비를 맞는 마음으로….

---

❼ 제3세계 인재들의 기독교 세계관 교육을 지원하는 것은
우리가 어려웠던 시절에 진 사랑의 빚을 갚는 일.

생명을 살리는 성경공부 6
개혁주의생명신학 7대 실천운동
나눔운동